N. C

D1755995

CE QUE NOUS VOILE LE VOILE

RÉGIS DEBRAY

CE QUE NOUS VOILE LE VOILE

La République et le sacré

GALLIMARD

Le 3 juillet 2003, à Paris, le président de la République investissait une Commission indépendante de dix-neuf membres, présidée par M. Bernard Stasi, médiateur de la République, du soin de réfléchir à la mise en œuvre, compte tenu des réalités de la société française d'aujourd'hui, du principe de laïcité inscrit dans notre Constitution.

Nommé membre de cette Commission, assistant à ses auditions, mais ne pouvant, en raison d'un engagement international, participer à ses délibérations finales jusqu'à leur heureuse conclusion, je me suis vu dans l'obligation d'y contribuer par la plume, sous forme épistolaire.

C'est cette mise au point à caractère technique, modeste apport à une réflexion collective, que je divulgue ici, dans l'illusion qu'elle puisse alimenter, avec d'autres, les débats intérieurs de quelques concitoyens curieux, en proie, comme le signataire et peut-être l'époque elle-même, à d'embarrassantes perplexités.

Régis Debray

Paris, le 7 novembre 2003

Monsieur le Président, monsieur le rapporteur, chers collègues,

Puisque je ne pourrai hélas assister ces semaines prochaines à vos délibérés, permettez-moi de vous exposer par écrit mon sentiment sur les questions qui nous ont été si bien posées par le président de la République, via sa lettre de mission. Dans l'ordre qui est le sien, et du moins au plus préoccupant.

1. Sur la question secondaire parfois dite du foulard

Les graves périls que nous voile le voile n'ont pas empêché l'opinion de zoomer sur ce léger symptôme, et la plupart de nos auditionnés aussi. Admettons donc, malgré qu'on en ait, que notre commission est d'abord attendue sur ce point : légiférer ou pas ?

Gardons-nous à ce propos de tout déni de réalité. Une loi restrictive n'est pas dans l'air du temps, malgré les indulgences de la conjoncture (les réactionnaires de progrès sont toujours plus impopulaires que les progressistes rétrogrades).

a) Les objections à la voie législative

Elles sont fortes.

Première objection : motivées ou non, les réformes de l'Éducation nationale tendent depuis trente ans à faire entrer la société dans l'école : partenaires multiples dans le conseil de classe (jusqu'à mettre les professeurs en minorité pour l'évaluation des élèves et la sanction des études) ; élus locaux dans les conseils d'administration (suite au transfert des compétences aux régions) ; parents d'élèves dans « la communauté éducative » (art. 11 de la loi d'orientation) ; émissions télé dans les cours et articles de presse dans les manuels de littérature ; et, en contrepoint aux nécessités reconnues d'une meilleure insertion professionnelle, organismes patronaux dans la formation des enseignants. Pourquoi le « hidjab » et autres tissus ne suivraient-ils pas, dans la foulée ? Soyons conséquents. Ou ce mouvement de franchise est positif en soi, et dans ce cas, pourquoi ce qui vaut pour les familles, les entreprises, l'actualité, les notables, etc., ne vaudrait-il pas aussi pour les affinités religieuses ? Ou il convient d'exclure des établissements les marques et porte-parole des religions, et dans ce cas, pourquoi y laisser les autres groupes d'influence ? Pourquoi le marché, le « vingt heures », le terroir, l'opinion, et non l'obédience ? C'est l'un ou l'autre.

Deuxième objection : les difficultés de la *mise en œuvre*, et de probables *effets pervers*. Ne nous cachons pas, de fait, l'opposition de *toutes* les confessions, les réticences marquées des arabo-musulmans les plus opposés au voile, ainsi que les nettes réserves des responsables enseignants (tant du ministère de l'Éducation que des principaux syndicats).

La mise en œuvre : si le libellé est concis, l'efficacité s'indexant au laconisme, les députés se déchargeront sur les chefs de bureau qui auront ensuite à rédiger décrets et arrêtés, seuls discriminants. Ce renvoi aux calendes grecques et aux échelons subalternes, serait-ce responsable ? Et exemplaire ? Si le projet en revanche rentre dans les détails et s'alourdit d'amendements, il perdra son tranchant, dévalorisant à terme le pouvoir normatif de la loi. Et comment se limiter aux établissements publics si la règle édictée, en vertu du Code de l'éducation en vigueur (articles L 442-1 et 442-5), risque de s'appliquer aux établissements privés sous contrat d'association (par lesquels passent 4 élèves sur 10 à un moment ou un autre de leur scolarité) ? Contraindre les écoles juives sous contrat à prohiber l'étoile de David ? Les catholiques à bannir la croix d'argent ? Les futures écoles musulmanes, la main de Fatma ? Et quid de l'Alsace Moselle ? Autant dire que le législateur, par ricochet, stimulera le consumérisme et le fanatisme, essor étant donné à des écoles privées hors contrat (boîtes à bac ou nids obscurantistes). Seraient du coup désavoués les admirables efforts de médiation, les patientes négociations conduites çà et là par le personnel éducatif pour aboutir cas par cas à des « accommodements raisonnables » qui ménagent l'avenir, et ce, sans le soulager pour autant. Car c'est à lui qu'il incombera en définitive de décider ce qui relève ou non du religieux, et de distinguer, décimètre en main, le visible de l'ostensible et l'ostensible de l'ostentatoire. Encore un beau geste, qui « refile la note » aux sacrifiés d'en bas, injuriés par les familles et chaque jour plus désemparés.

Les effets pervers : on criera à la « loi de proscription », précipitée et de circonstance. Pour contrer une minorité agissante, on mettrait à l'index une majorité, les musulmans de culture, stigmate s'ajoutant à une longue liste de discriminations. Et pour dissimuler la cible réelle, le législateur devra faire passer sous une même toise des confessions religieuses profondément différentes, et des signes de valeur dissemblable (la kippa et la croix n'ayant pas ou plus de connotation politique). Alors, les intégristes feront de l'abcès de fixation leur ligne de front. Bienvenus les vocations de martyr et les experts en provocation médiatique. Vous tomberez en un mot dans le piège classique : réprimer, donc répandre. Notre pays a mis un siècle pour sortir de la guerre des deux France, Blancs contre Bleus, et pour oublier les dizaines de milliers de religieux catholiques chassés de France, ignominieusement, avant 1914. Voulez-vous une nouvelle guerre de cent ans ? Avec cette fois, sous le drapeau vert, des rétifs autrement plus fanatisés, obtus, et avec des arrières autrement solides, dont les capacités de nuisance ne sont plus à démontrer (qu'était-ce que l'État du Vatican en 1905 à côté de l'Arabie Saoudite, de l'Iran, du Pakistan de 2005 ?). À la place du consensus dédramatisé, la fracture aggravée. Ainsi se pave l'enfer, de toute éternité.

Ultime objection : nous deviendrions le seul pays de l'Union européenne à nous doter d'une législation spécifique sur le port des signes religieux. Jusqu'où peut-on vouloir une chose et son contraire ? Une France à la fois plus laïque et plus eurocompatible ? N'imitons pas ces têtes légères qui réclament un jour du gouvernement plus de soutien à la francophonie et le lendemain plus de soutien à l'Europe à 25, où l'anglais devient, dans les services, langue unique. Laissons cette schizophrénie à nos brillants intellectuels. Une hirondelle ne fait pas le printemps, et rien ne nous assure que la Cour européenne des droits de l'homme donnerait quitus au mouton noir. Rappelons, outre la Convention européenne de sauvegarde, la Convention relative aux droits de l'enfant, adoptée par le Conseil de l'Europe en 1990, et qui stipule en son article 13 : « L'enfant a droit à la liberté de rechercher, de recevoir et de répandre des informations et des idées de toute espèce, sans considération de frontières... » L'article 10 de la Charte des droits fondamentaux de l'Union européenne, quant à lui, mentionne « la liberté de *manifester* sa religion ou sa conviction *individuellement ou collectivement*, en *public* ou en privé, par le culte, l'enseignement, les pratiques de l'accomplissement des rites ». *Religion* paraît en quatre lieux dans ce texte majeur (art. 10, 14, 21 et 27) ; *laïcité* nulle part. Pour poser la question des relations entre l'État et les cultes, nous partons de la notion de laïcité de l'État, qui n'est un principe constitutionnel qu'en France, tandis que l'Union européenne part de la notion de liberté religieuse. Qui est en retard sur qui ? Puisque le droit communautaire supplante et coiffe le droit interne, le souverainiste se fait plaisir en scandant qu'il ne peut y avoir *dans* une République de lois qui ne soient celles *de* la République. Dans la hiérarchie des normes, les textes de valeur conventionnelle, comme les traités et pactes internationaux, ont une portée supra-législative. À l'heure où beaucoup d'États dans l'Union nouvelle réclament une *invocatio Dei*, ou plus qu'une simple mention chrétienne, dans le préambule de la future Constitution ; où des esprits autorisés voient dans le régime concordataire d'Alsace Moselle un modèle pour l'Hexagone, on se doute qu'une mesure de portée générale n'ira pas sans tollé. Ni, *last but not least*, sans quelques menaces des sénateurs d'outre-Atlantique déjà alertés par nos préventions « liberticides » contre la scientologie et les témoins de Jéhovah. Ni sans fulminations outre-Méditerranée. Nos diplomates ne seront pas les premiers à vous féliciter.

On peut affronter toutes ces réalités de face (et une fausse perception en est une aussi), déplorer de surcroît l'incontinence législative de l'époque, entassant Pélion sur Ossa, avec des textes peu ou pas appliqués, et néanmoins souhaiter plus qu'un toilettage réglementaire ou même qu'un simple amendement dans la loi existante d'orientation scolaire. Je serai de ceux-là. Non sans tenir pour sérieuses les objections que je viens de résumer et qui rendent à mes yeux fort respectable un avis contraire, je ferai pour ma part, moindre mal, le pari d'une loi de plein exercice.

b) Quel pourrait être son objet ?

Tous les signes visibles de propagande *politique, religieuse* et *commerciale*.

« Tournons-nous vers le passé, ce sera un progrès », disait Giuseppe Verdi. Le 1ᵉʳ juillet 1936, le ministre de l'Éducation nationale du Front populaire, Jean Zay, signait, sous l'intitulé *Port d'insignes*, la circulaire suivante :

« Je vous prie d'inviter les chefs d'établissement secondaire à veiller à ce que soient respectées les instructions interdisant tout port d'insignes. Il est évident qu'il ne s'agit d'atteindre en aucune façon le respect dû aux couleurs nationales et qu'au contraire, il convient de les soustraire comme les élèves aux luttes partisanes.

Vous voudrez bien considérer comme insigne politique tout objet dont le port constitue une manifestation susceptible de provoquer une manifestation en sens contraire. L'ordre et la paix doivent être maintenus à l'intérieur des établissements scolaires, mais en même temps vous veillerez à ce que les chefs d'établissement évitent les incidents et les éclats et qu'on procède dans toute la mesure du possible par la persuasion plutôt que la contrainte. »

Tout est dit. Les sectes ont remplacé les ligues, mais les passions religieuses ne sont pas si différentes des passions politiques. La répression de l'agitation politique parmi les élèves (tracts, brochures, affiches) n'avait en tout cas pas d'autre principe que celle de l'agitation identitaire du jour. Étaient alors visés, dans une Europe au bord de la guerre civile (l'Espagne y étant déjà plongée), les faisceaux, croix gammées, fleurs de lys, faucille et marteau, trois flèches, etc., emblèmes des affrontements de rue. Pourraient l'être à présent tous les emblèmes (portés, élevés ou apposés) susceptibles de provoquer, en sens contraire, l'irritation, l'indignation, la concurrence ou la surenchère, parmi les condisciples ou dans l'établissement. Le port du voile peut être tenu pour un acte militant, avec une dimension de propagande missionnaire doublée de discrimination sexuelle, par nature susceptible de provoquer des manifestations et réactions de signe contraire. La kippa peut appeler le keffieh, et la croix le croissant, comme le poing tendu appelait hier le bras tendu. *Mutatis mutandis*, une enseigne pour Coca-Cola et

Nike, une contre-pub pour Pepsi-Cola et Adidas. Une chose sont les vignettes sur les classeurs et les languettes sur les chaussures et les chemises, une autre sont les panneaux et les affiches publicitaires sur les murs. Les marques aussi, chez les jeunes, et de plus en plus, érigent en tribus rivales de simples consommateurs. Toute identité communautaire se pose en s'opposant, et il n'est pas d'ostentation d'une différence qui n'en suscite une autre en contre-pied. C'est l'escalade sans fin des rivalités, dont les panoplies ne cessent de s'étendre (la marchandise aidant), qu'il convient de prévenir.

c) Pourquoi le tranchant d'une loi ?

L'autorité de l'institution scolaire et la sociologie des élèves, dans les années 30, permettaient le recours à une simple circulaire interne. L'affaiblissement de la première et l'éclatement de la seconde, phénomènes considérables, contraignent à hausser la mire. Une charte, parce qu'elle n'oblige à rien, serait encore un faux-fuyant solennel. Ce n'est pas parce qu'une loi ne résout pas tous les problèmes qu'elle n'est pas nécessaire. La laïcité a besoin d'une pédagogie, certes, mais celle-ci a besoin d'une loi. Elle ne remplace pas le dialogue, certes, mais elle lui donne son assise. S'il fallait qu'une loi fût globalement acceptée pour être adoptée, il n'y aurait pas de loi de 1905. Cette rupture unilatérale du Concordat, et qui valut à ses promoteurs les foudres du Saint-Siège, a-t-elle empêché par la suite l'ajustement et la concertation, qui l'ont rendue acceptable par tous ? Les catholiques l'ont à présent faite leur, en toute bonne foi, comme les musulmans le feront sans doute un jour avec ce qu'ils désapprouvent aujourd'hui. Pourquoi ce que l'histoire a permis hier, le consensus, ne serait-il pas possible demain ?

Les lois n'ont pas qu'une fonction *répressive*. Elles ont aussi une vertu *expressive*. Seule la représentation nationale peut établir une hiérarchie entre deux séries de normes également appréciables, mais potentiellement contradictoires : la liberté individuelle d'expression, et l'égalité entre les hommes et les femmes. Entre le droit pour chacun de vivre et transmettre sa foi, et la stricte neutralité de l'État. Les enseignants ajouteront : entre le devoir d'exclusion de quelques indésirables et le droit de tous à l'éducation. Dans le nœud gordien des valeurs, il en est, à certains tournants de l'Histoire, de plus impératifs que d'autres. Les « mesures de police intérieure », si elles ont l'avantage de ne pouvoir être déférées au contentieux, n'ont pas la même vertu de refondation symbolique. Rompant avec l'ambiguïté, le flou et la restriction mentale — quitte à appliquer avec tact et souplesse des principes clairs et nets —, l'affichage à belle hauteur peut « faire passer le message ». Baisser le niveau constituerait au reste un signal de faiblesse ou de recul. La paix civile, comme la synthèse républicaine, n'a jamais été une partie de plaisir mais une épreuve de force. Et elle se brise en même temps que la volonté de faire face, avec les armes de la paix.

Le Conseil d'État, dans ses avis et arrêts, a formellement raison et historiquement tort. La Haute Assemblée est cohérente avec elle-même lorsqu'elle se garde de préjuger du sens à donner à un signe religieux, dont elle remet l'interprétation à la conscience de chacun. On juge, par bonheur, des comportements, non des visions du monde. Le *droit administratif*, qui fait abstraction des contenus, met au compte de perceptions subjectives et arbitraires le sens que donne à un symbole son environnement effectif. Le *devoir politique*, en charge de l'avenir, ne peut quant à lui éluder l'enjeu géostratégique d'un emblème utilisé comme moyen de pénétration non seulement pour reléguer dans les bas-côtés un être humain sur deux mais pour surimposer derechef la loi de Dieu à la loi des hommes. L'époque doublant l'alignement des économies par l'insurrection des identités, et ceci parce que cela, le sectarisme peut demain trouver d'autres prétextes. Il ne s'agit pas de délégitimer tel ou tel credo, respectable en son ordre, mais de délimiter les domaines, pour le mieux-être de tous.

Ce n'était pas être antichrétien, au temps de Franco, que de dire non aux légions du Christ-Roi. Bernanos et Mauriac ont bien servi l'honneur chrétien. Ce n'est pas être antisémite que de réprouver la politique coloniale d'un gouvernement à Tel-Aviv, et nombre de juifs qui s'en démarquent ne désavouent pas leur confession. Ce n'est pas être islamophobe que de dire halte à une prétendue prescription religieuse se réclamant assez douteusement du Coran (et quand bien même ce serait à juste titre, nous n'avons pas à entrer dans ce débat théologique). La Tunisie musulmane l'a fait par circulaire, et la Turquie par une loi, y compris pour la fonction publique. Si seul l'Islam peut réformer l'Islam, nous pouvons et devons, de l'extérieur, l'y aider ; et ce faisant, tendre la main aux éclaireurs de cette culture décidés, à leurs risques et périls, à assurer son avenir.

Tout sporadique qu'il apparaisse (une centaine, dit-on, de cas vraiment litigieux par an), le voile islamique est un symptôme à replacer dans son cadre, chronologique et planétaire. Il traduit une poussée théocratique à vaste échelle, allant d'Est en Ouest et du Sud au Nord, et qui ne peut que grandir avec les nécessaires immigrations. Cet expansionnisme, si le mot n'est pas trop fort pour une mentalité qui fait tache d'huile, sans direction centralisée, sans plan ténébreux à la clé ni même volonté expresse de nuire, vient buter contre des univers sécularisés comme les nôtres, vulnérables. Face à quoi s'impose une adaptation immunitaire des institutions républicaines. Non que ce nouveau milieu culturel soit intrinsèquement hostile, mais il fait ce que font toutes les cultures vivantes lorsqu'elles doivent, par fers de lance interposés, s'ajuster les unes aux autres sur une frange de contact : tâter le terrain, tester les défenses, guetter le ventre mou. Puisqu'on n'a jamais vu une civilisation sans douanes (qui ne sont pas un cordon sanitaire), quiconque se défait d'un minimum d'enveloppes protectrices ne peut venir ensuite se plaindre que l'égalité et la fraternité soient battues en brèche au nom de la liberté. Qu'on le veuille ou non, l'Éducation nationale sert en France d'avant-poste au maintien d'un ressourcement égalitaire bénéfique aux plus démunis, et aux tenants lucides d'un islam de France. Le bouclier laïque sauvegarde un refuge ouvert à tous, non pas pluri- mais trans-communautaire. Il est d'autant plus appréciable que ce qu'il met à l'abri n'est pas une arrogance ethnocentrique mais la faculté offerte à quiconque, Français de première ou de dixième génération, étranger, Européen ou non, de moduler à loisir son identité, ou d'en croiser plusieurs, par une pratique exercée du libre examen.

Notre pays a naguère manqué de respect pour maints peuples d'outre-mer. À preuve, l'humiliant statut d'indigénat réservé aux musulmans dans l'Algérie d'antan, ségrégation alors jugée normale. Il existe un lien obscur entre l'universalisme dit civilisateur et le colonialisme du mépris, et il faudra bien que le discours républicain tire un jour au clair son refoulé colonial. Chacun sait que les jeunes issus de l'immigration sont aujourd'hui trois fois plus touchés par le chômage que les autres. C'est bien pourquoi il doit y avoir égalité de traitement entre tous les vecteurs de propagande et de prosélytisme. La France, plus proche en cela du Québec que du Canada, ne peut sans doute se payer le luxe du multiculturalisme, plus accessible aux histoires courtes et aux larges espaces, mais il n'y aurait qu'avantage pour elle à reconnaître, par des mesures symboliques positives, des droits culturels jusqu'ici négligés : capacité, dans les lieux de travail, de choisir son jour de fête selon ses traditions religieuses, facilitation en ville des permis de construire et de financement des mosquées, aide universitaire à la formation de clercs francophones. Outre qu'un fascisme n'est pas excusable du seul fait que des déshérités s'y reconnaissent, toute loi de protection d'un milieu rare perdrait son sens si n'étaient pas adoptées simultanément des mesures pratiques visant la concentration des inégalités dans nos marches urbaines. Le Haut Conseil à l'intégration en a recommandé plusieurs, en faveur notamment des femmes immigrées sur le territoire français — comme la lutte contre la répudiation, l'excision, la polygamie, s'autorisant (à tort pour la mutilation sexuelle) de l'islam ou du système patriarcal musulman. Comment soupçonner un pays qui a dit non à une croisade aussi mensongère qu'inepte en Mésopotamie ; qui maintient une position équilibrée au Proche-Orient ; qui a bravement contribué à l'organisation du culte musulman et prévoit des aumôniers musulmans dans ses forces armées ; et qui rend enfin obligatoire la formation de ses professeurs à l'étude du fait religieux, donc de la civilisation islamique, comment soupçonner un tel pays de vouloir désigner à l'opprobre une immense culture aux cent facettes et si proche de nous ?

À un défi de principe et d'essence politique, il ne saurait y avoir de réponse que politique et par le haut. Si on peut regretter sous cet angle la dispersion des aréopages consultatifs, *membra disjecta* d'un même corps de doctrine, ainsi qu'un siège médiatique lassant pour les consultés, on doit se réjouir que le président de la République ait décidé de saisir en personne cette commission tant du fond que des formes.

2. Sur la question principale de l'École

Nous ne formulerions pas les « propositions concrètes » demandées mais d'inoffensifs vœux pieux si on laissait dans le flou ce qui distingue en substance une salle de classe d'un wagon de métro, une cour de collège d'un hall de gare, et l'école publique de la maison du Père. Personne, fort heureusement, ne discute d'exclure des jeunes filles voilées du métro, des cybercafés, des supermarchés, des squares, des autobus et des salles de cinéma — tous lieux également réglementés —, et encore moins de la voie publique ! La question du voile, simple métaphore, pose d'abord celle de l'endroit où elle fait plus qu'ailleurs malaise.

Que faut-il donc que soit notre École pour qu'un couvre-chef y devienne un casse-tête ? « Un asile inviolable où les querelles des hommes ne pénètrent pas »

(Jean Zay). Un moyen de civilisation plus encore que de socialisation, dont la mission est civique autant que pédagogique. Un lieu de *transmission* et non de communication, où ne devraient pas être utilisés walkman ou téléphone portable (ni plus ni moins dans une salle de classe que dans ces autres lieux de transmission que sont, à des titres différents, une salle de théâtre, de musée ou de bibliothèque). Quelle neutralité possible dans la transmission du savoir sans une neutralisation de l'environnement, soustrait aux quadrillages commerciaux, politiques et religieux qui cloisonne par ailleurs la société marchande, confessante et communicante, pour que chacun puisse s'y sentir à l'aise ? Un élève peut exprimer ses convictions par la parole, dans ses devoirs écrits ou ses réponses orales (si elles ne sont pas injurieuses pour d'autres), mais ne peut imposer aux autres le spectacle d'une affiliation à l'état brut, sans léser le postulat d'égalité entre garçon et fille, blond et brun, malingre et malabar, fidèle et athée, etc. Le domicile est inviolable, et la police elle-même ne peut y perquisitionner qu'à certaines heures et conditions. À l'inverse, le domestique n'a pas à pénétrer dans le seul des espaces publics qui, pour remplir sa mission propre, doit tenir l'intime en respect. Nous enlevons nos chaussures quand nous entrons dans une mosquée, et l'on ne se convertit pas à l'islam pour autant. Demander à des pratiquants d'enlever couvre-chefs et ornements à la porte des établissements — et a fortiori des classes —, ce n'est pas leur imposer de renoncer à ce qu'ils sont, et encore moins de se convertir à un credo qui n'est pas le leur. C'est leur demander de respecter la nature singulière conférée par notre histoire à un lieu où n'importe qui ne peut entrer n'importe comment et de plain-pied.

Il y avait en certain sens plus de laïcité dans les collèges jésuites d'antan, avec leurs obligations disciplinaires et la mise en veilleuse des échos du dehors, qu'il n'y en a dans nos collèges en forme de terrains vagues où le brouhaha empêche toute concentration des esprits. Il y a plus de laïcité dans les maigrichonnes écoles d'Amérique latine où l'uniforme est de rigueur (chacune le sien), que dans nos opulents établissements où s'arborent des T-shirts en cartes d'identité, où les blousons de marque distinguent le riche du pauvre, et où « Star Academy » fait en cours référence. Car il ne faudrait pas être en retard d'un cléricalisme et d'un fétichisme, comme le sont ces laïques d'arrière-train auxquels une très hypothétique et minoritaire emprise religieuse voile la très effective et omniprésente emprise télévisuelle. Les stéréotypes de la communication sont aujourd'hui bien plus menaçants, pour la liberté de conscience, que les dogmes des clergés, et « aucun fils de paysan breton, en 1904, n'a passé autant de temps au catéchisme qu'un enfant de cadre, en 2004, n'en passe devant sa télé » (Philippe Meirieu). Le pouvoir fascinant de l'animateur serait-il plus anodin que le fut, jadis, celui du prêcheur ? Ce rappel, avouons-le, ne va pas dans le sens de cet alignement plus ou moins enthousiaste du périmètre éducatif sur ses pourtours bariolés, où d'éminents experts voient encore son salut. Faut-il, sous prétexte que l'école ne peut être une « chambre stérile », en faire un « lieu de vie » comme un autre, entre Forum et Grand Magasin, en attendant, qui sait, l'école à la carte (bleue) ? Cette normalisation récente a fait se rencontrer deux familles ou sensibilités, qui se détestent et s'entraident : une mouvance libérale, pour qui l'école étant un simple service collectif, il est normal que le public y fasse la loi, et en l'occurrence les usagers, voire les clients que seraient les élèves ; une mouvance libertaire, pour qui l'écolier est une liberté toujours bafouée qu'il faut rendre à elle-même, en respectant son génie méconnu. On a pu ainsi, au lieu de protéger les consciences en formation, accorder aux mineurs (art.10 de la loi d'orientation dite Jospin) les prérogatives du majeur, comme si le temps d'apprentissage de l'indépendance d'esprit et de la liberté de jugement ne comptait pour rien (faisons un Congrès des enfants, défendons les petits citoyens de la maternelle...).

Avec l'argument (en partie fondé) que la massification de l'enseignement ne produisait pas « l'école d'avant en plus grand » mais une nouvelle école, on a vu de l'innovant, donc du bel et bon, dans chaque pas en arrière vers la dérégulation d'une institution remise à la rue, au mépris des principes qui sont ceux de toute transmission de connaissances et de valeurs, hier, aujourd'hui et demain. On a ainsi pu dériver des projets d'établissement une sorte de *cujus regio, ejus religio* ; on a donné le sentiment de chercher « la culture commune » dans le plus petit commun dénominateur des incultures juxtaposées (le titre de bachelier ne sera-t-il pas bientôt délivré avec l'acte de naissance ?). On a baptisé *démocratie* : l'abandon de l'exigence ; *respect des identités* : la reconduction des préjugés ; *brimade* : le devoir ; et *vexation* : la sanction. En oubliant qu'il faut un maître pour apprendre à se passer de maître, et que notre École se réfère à une idée particulière de l'homme considéré comme fin. Et pas seulement comme

un futur outil de production économique, un prestataire de services soumis à des contrôles de conformité
sociale, ni un fournisseur d'habiletés codifiées, catalo-
gables et mesurables. Idée bizarre, il est vrai, et exi-
geante, qui n'a de lieu que là, cette priorité au libre
examen ne pouvant prendre naissance que dans une
République historiquement issue des Lumières.

Il découle de cette prémisse qui nous dépasse tous
que l'école publique doit être le plus possible soustraite
aux effets de groupe. Une classe n'est pas une tribu,
avec ses petits chefs et ses boucs émissaires, ni une
fédération de clans. C'est une réunion réglée d'individus « égaux et libres devant la tâche personnelle
d'apprendre » (Jacques Muglioni). Ces êtres humains,
nul ne doit pouvoir les catégoriser ou les classifier au
premier coup d'œil, au moyen d'étiquettes ou d'accou-
trements, répartis par groupes d'affinités entre garçons
à autocollants et filles-sandwich. De même que la
connaissance réfléchie y est maintenue distincte de
l'information quotidienne, de même cette instruction a
pour finalité de faire grandir des esprits libres et
incommodes, qui placent la conscience plus haut que la
consigne, et au-dessus des compétences. L'institution
par excellence qu'est l'école (ne disait-on pas de nos
instituteurs qu'ils gardaient les institutions ?) suppose
que le « vécu individuel » n'y fasse pas modèle. Les
parents font des enfants ; seule l'école fait des élèves.
Instituer des gamin(e)s en élèves, ce n'est certes pas les
entretenir dans l'enfance mais les aider à en sortir, sans
céder à ce culte de la jeunesse qu'ont partagé, au dernier siècle, les idolâtries de la race, de la classe et du
marché. Il n'est pas digne d'un républicain qui veut
élever l'immature de s'adresser à lui comme s'il n'était

tenu à rien et par rien, en donnant démagogiquement aux moins de treize ans, et même de dix-huit ans, des gages de « grand ». L'Université, qui a affaire à des majeurs, n'est pas tenue aux mêmes précautions, du moins du côté des étudiants (les professeurs, eux, restant astreints au même devoir de réserve en tant qu'agents publics). Les établissements scolaires n'ont pas les franchises ni la personnalité morale dont disposent les Universités ? L'État, en revanche, est le seul à répondre des écoles, collèges et lycées. « Distinguons bien ce qui dépend de nous de ce qui ne dépend pas de nous », enseigne le stoïcien. Si l'enseignement supérieur aurait tout à gagner à faire souscrire des engagements de bonne conduite à ses étudiants (comme cela se passe déjà aux Langues O), la loi que conseille la prudence devrait être circonscrite à l'enseignement primaire et secondaire.

3. Sur la question liée de « l'expression des convictions religieuses de chaque Français sur son lieu de travail, dans les lieux publics, au sein des services publics, dans l'accès aux sports et aux loisirs »

Le lieu de travail : La laïcité n'est pas une obligation légale dans l'entreprise. Dans les centres de production et de commerce, de droit privé, la notion d'intérêt bien compris peut trouver par ses propres moyens un point d'équilibre entre les contraintes d'efficacité (concevoir, produire, vendre) et les impératifs de sociabilité, voire d'humanité (ajuster les moments de pause en fonction des périodes de jeûne ou de retraite, dégager de discrets lieux de prière, ménager les habitudes alimentaires du personnel). Le Code du travail paraît ici en mesure de réguler les frictions.

Les lieux publics : Ne devrait-on pas s'appliquer à soi-même le partage dont on demande aux autres le respect sur son territoire, entre l'État et la société ? Les sentiments religieux, qui n'ont pas de place dans l'État, ont la leur, pleinement, dans la société. Ce n'est pas parce qu'elle refuse de voir dans les cultes une donnée politique (en n'en reconnaissant aucun) que la République ne doit pas prendre en considération la donnée sociale et culturelle (en dialoguant avec eux si besoin est). Autant, dans l'enceinte scolaire, comme dans les tribunaux et les ministères, une règle impérative semble nécessaire ; autant une gestion souple et décentralisée devrait pouvoir l'emporter dans les espaces ordinaires de vie en commun, sous réserve, bien sûr, que l'ordre public soit garanti et toutes les affiliations particulières, traitées sur un pied d'égalité. C'est la casuistique de la vie quotidienne, qui résout ces problèmes sans se les poser. Pour illustrer la distinction entre un espace civique et un espace public : si une cérémonie de naturalisation en mairie exclut le port du voile, on ne voit pas pourquoi il serait prohibé par règlement à l'intérieur d'une bibliothèque publique, dans le face à face solitaire avec les documents ou un écran, même si la fermeture à l'autre qui accompagne le port du voile est désagréable pour les bibliothécaires. De même, ce qui est interdit au personnel pénitentiaire — le port de signes d'appartenance — ne l'est pas aux détenus, et autant le regroupement des élèves par origines jure avec la nature de l'école (espace civique), autant il peut sembler inévitable dans une maison d'arrêt (espace public).

Les services publics : Il semble que la jurisprudence du Conseil d'État permette de répondre aux divers cas de figure à partir des principes bien connus : liberté pour les agents publics d'expression dans leur vie privée, mais pas de manifestations des convictions, religieuses ou politiques, dans l'exercice de leur fonction.

Plus préoccupantes sont, pour le système hospitalier public, les requêtes par les malades de traitements spéciaux, en contradiction avec les impératifs d'hygiène. Refus de soins ou d'examens par l'un ou l'autre sexe, refus d'alimentation et de prescriptions diététiques, refus d'IVG, ou de transfusions sanguines, etc. Incompétent sur ces sujets, il me paraît cependant évident que la sécurité et la sérénité des soins doivent avoir la priorité sur toute revendication particulariste. Au médecin de décider en dernier ressort. Impensables sont les cuisines parallèles, les médecines à part, les secteurs hospitaliers réservés à telle ou telle communauté, la remise en cause de l'autorité d'une femme chef de clinique ou infirmière. Nul n'est contraint de confier son corps à l'Assistance publique. C'est aux patients de choisir ce qu'ils préfèrent, le privé ou le public, et d'en tirer les conséquences.

Sports et loisirs : À la haute époque de la laïcité républicaine, les écoles étaient séparées par sexes (les bains-douches aussi). Les mœurs, à ne pas confondre avec les principes, ont évolué et la mixité de la piscine publique offre à présent un exemple des difficultés de décision. Nul ne peut jeter la pierre, au nom d'une position préétablie, à tel ou tel maire, qui, entre deux discriminations, s'efforce de choisir la moindre : faut-il refuser la demande d'une association locale, loubavitch ou musulmane, d'utiliser un équipement municipal, laquelle, en cas de refus, pourra s'estimer discriminée en raison de ses croyances (non-mixité), ou faut-il accepter une dérogation ponctuelle et localisée à la règle légale pour ne pas sanctionner, en raison de ses convictions, telle ou telle communauté dans la ville ? Les municipalités doivent pouvoir trancher en fonction des circonstances, et toutes, semble-t-il, posent comme condition que les femmes de toutes confessions soient alors autorisées à pénétrer dans les lieux. Mesurons néanmoins les glissements qui peuvent s'ensuivre, outre les nuisances aux libertés d'accès des autres usagers, familles comprises : que dira-t-on des femmes qui vont aux séances mixtes ? Devra-t-on aussi allouer des créneaux horaires aux vieux, aux nudistes, aux moches ? Faudra-t-il changer l'eau souillée par les impurs à l'arrivée des purs ? Et va-t-on demain compartimenter les plages, l'été ? Ne vaudrait-il pas mieux éduquer dès aujourd'hui au respect mutuel plutôt que souscrire aux arguments de la pudeur ? Plus facile sans doute à dire qu'à faire…

Sur beaucoup de terrains, il y aura sans doute des compromis progressifs, comptant sur le tact et le temps. Ce n'est pas, après tout, la faute des édiles, dans des communes défavorisées et composites, partagées en mouvances plus ou moins rivales, si les trois religions monothéistes recommandent une séparation liturgique et spatiale entre les sexes, et morale également. Ce n'est pas mauvaise volonté mais tradition. Seule une laïcité idéaliste, ou dévote, peut évacuer d'un trait de plume et au nom des principes le caractère structurant, pour les individus, des identités collectives. En rabattant, tel le trop optimiste article 10 de la Déclaration des droits de l'homme (« Nul ne doit être inquiété pour ses opinions, même religieuses... ») l'ordre lourd des convictions sur celui, plus accommodant, des opinions.

Une conviction est plus qu'une option intellectuelle. C'est une opinion à laquelle la sensibilité prend part, et qui engage le tout de l'être humain. C'est une certitude subjective, partagée par beaucoup, qui ne peut prétendre au statut de vérité universelle, mais constitue un foyer vivant d'existence, de partage et de rayonnement. On ne blesse pas une opinion en la contredisant ; mais on blesse une conviction (et à travers elle, un homme et une femme en son intimité). Il serait étrange (et contre-productif) de réserver l'expression des convictions religieuses aux seuls lieux de culte, puisque le propre d'une conviction est de se manifester, comme toute identité aspire à se rendre visible, au moyen de fêtes, processions, pèlerinages, réunions, lieux de célébration ou d'abattage rituel, habits, interdits alimentaires, etc. Les convictions, contrairement aux opinions, s'inscrivent dans la vie, l'espace, le calendrier, et les corps. Il serait aussi vain qu'oppressif de vouloir, sous prétexte de lutter contre le prosélytisme, les confiner au domaine « privé » (ce terme n'ayant ici de sens que juridique). Respecter la liberté religieuse, c'est donc dans les faits lui ménager des aires et des temps de présence et de représentation : à la télévision du service public ; dans un Comité national d'éthique ; dans le calendrier scolaire pour la catéchèse, etc. C'est si vrai que l'État neutre prend sur lui d'assurer la pratique religieuse à ses frais, dans toutes les situations où le citoyen n'a pas la possibilité de se déplacer vers le lieu de culte de son choix. Dans les internats, les casernements, les prisons et les hôpitaux, les aumôniers reçoivent des indemnités sur le budget (et le courrier est libre entre aumôniers et détenus). De même semble-t-il légitime de prévoir, dans les cimetières, des tombes musulmanes orientées, sans qu'il y ait pour autant cimetières à part. Comme il est légitime dans les cantines scolaires d'offrir un certain choix, porc ou non-porc, pourvu qu'il n'y ait ni réfectoires ni tables séparées. Comme il est légitime d'éviter autant que possible de faire coïncider les grandes dates d'examen avec les grandes fêtes chrétiennes, juives ou musulmanes, sans pour autant admettre une dispense régulière de présence le vendredi pour les musulmans et le samedi matin pour les juifs et les adventistes du septième jour, ni qu'un cours ou un concours soit interrompu par une obligation de prière.

L'argument de certains dignitaires, en revanche, selon lequel il serait immoral de blesser les convictions de leurs fidèles rendrait impossible toute éducation et, plus largement, toute transmission de savoir et d'information, puisqu'il est dans la nature du progrès des connaissances de heurter des convictions établies (Copernic, Darwin, Freud ont blessé nombre de croyants). La vulnérabilité des convictions — qu'une conviction contraire peut toujours heurter — est au contraire un argument de plus pour en laisser les signes en dehors des lieux où leur affichage, sous une forme ou une autre, pourrait précisément en blesser d'autres. Le seul critère ici est de méthode : nul ne doit être contraint d'agir contre ses convictions, de renoncer à celles qu'il a déjà ou de ne pas en épouser une nouvelle s'il le souhaite. Il est vrai qu'il existe des obligations scolaires — d'assiduité, de mixité, de programmes, d'assistance au cours de gymnastique, piscine comprise —, mais ce n'est pas l'école qui est obligatoire, c'est l'instruction, laquelle peut être prodiguée, au choix, par des établissements privés ou confessionnels. Aucun croyant ne peut, de son côté, s'estimer « bafoué » ou « offensé » par un livre ou un film qu'il n'est pas contraint de lire ou de voir. Ce serait donner un privilège indu à tel ou tel groupe de conviction que d'interdire telle manifestation, image ou texte pour la seule raison qu'il les jugerait blessants ou blasphématoires. Le conflit des convictions est inhérent au pluralisme et au tohu-bohu d'une vie démocratique, à charge pour les représentants de la loi que l'inévitable ne tourne pas à l'inacceptable, ni la zizanie à la rixe.

4. Plus largement, sur la question fondamentale des rapports entre laïcité et République

Retisser un milieu scolaire *résistant*, et d'autant plus préservé qu'il est plus à claire-voie, du fait des nouveaux branchements technologiques et d'un recrutement tous azimuts, se ferait plus aisément si l'on retendait alentour la trame des honnêtetés civiques : vote obligatoire ; impôt minimal pour tous (l'euro symbolique) ; contrat d'intégration avec livret d'accueil pour les immigrés ; promotion dans la fonction publique des jeunes diplômés issus des quartiers (comme le préconise le Haut Conseil à l'intégration) et présence dans les Assemblées de personnalités issues de l'immigration. Soit. Mais un pays ne peut intégrer large que s'il sait et fait savoir à quoi il intègre.

a) Laïcité : un mot-écran

L'École, la pointe de la pyramide, ne tient que par sa base. Une interdiction ne remplacera jamais un art de vivre et ce n'est pas au corps enseignant de combler nos propres carences de civisme. Si la laïcité est un principe, il n'est pas fondateur, mais fondé en amont. Il ne se décrète pas, il se déduit. En quoi cette vraie valeur fait un faux sujet. À l'instar de tant de mots qui enchantent et endorment, « laïcité » représente un vrai problème et une fausse question. Comme Péguy le disait de l'enseignement, les crises de la laïcité sont des crises de civilisation. L'oublier nous exposerait à un quiproquo fort dommageable.

Pourquoi un *faux sujet* ? Parce qu'un néologisme tardif (1880) a transmué un adjectif en substantif (qui ne figure pas, à bon escient, dans notre droit positif). Ainsi, de complément qu'il était, un qualificatif, *laïque*, devient substance abstraite, *laïcité*, dont on disserte indépendamment de son instituteur et tuteur historique, l'État républicain. N'inversons pas la clé de voûte et les fondations. Sauf à s'enfermer dans le commentaire de texte, la laïcité ne se soutient pas d'elle-même, il n'y a que des États laïques ou non. Et vouloir l'institué sans l'instituant qui seul peut le faire respecter, par la force de la loi et de la maréchaussée, c'est traiter la toux sans s'inquiéter de la bronchite. Les cachets d'aspirine soulagent, mais l'exorcisme fait le rebouteux, non le médecin.

Pourquoi un *vrai problème* ? Parce que les tribalisations en cours, sur clivages religieux, ethnique, corporatiste, régionaliste ou économique, détricotent le tissu civique qui reste, en décourageant toute dynamique unitaire. À trop laisser les cités dans la Cité, les équipes de foot au stade municipal, les chambres dans les hôpitaux, les tables à la cantine, les élèves dans une classe, et les morts au cimetière, se regrouper par la provenance ou le patronyme, c'est la *res publica* qui se disloque. Au-delà de l'incivilité en tache d'huile et du malaise au quotidien, il en va, à terme, de la paix civile. Même si on ne prévoit pas de guerres ethniques et religieuses en Europe avant 2030 (les conflits dits de défédération étant les plus cruels), il y a, dans l'immédiat, du pain sur la planche ; le découper de travers ferait un mauvais début.

b) *Réhabiliter l'idée de communauté*

Faut-il continuer d'opposer terme à terme, comme le feu et l'eau, *individu* et *communauté* — en tenant pour une injure dégradante ou raciste, dans la vie civile, toute mention d'origine ou d'affiliation ? Les humains ont besoin d'être rattachés à plus grand qu'eux. Et plus démunis ils sont, plus il leur faut s'insérer dans un réseau de reconnaissance et de solidarité. Couper un nouveau venu de sa communauté, c'est attenter à sa personne morale, voire physique. Pour un Comorien de Montreuil comme pour un juif de Sarcelles ou un Kabyle de Saint-Denis, l'abri communautaire est d'abord un moyen de défense et de survie. L'actuel essor des écoles privées confessionnelles (un tiers d'élèves en 2002 en plus pour les écoles juives, idem pour les catholiques), et la montée des autorisations d'absence ou de dispense dans l'école publique, pour le shabbat ou le ramadan, étaient impensables il y a encore trente ans. Ce n'est pas en ce cas le communautarisme ni le rigorisme — ces lots de consolation —, qu'il faut mettre en cause (et encore moins diaboliser), c'est la crise de notre propre fédérateur national. Fédérer n'est pas nier des attaches culturelles préexistantes, mais les encastrer sous un horizon plus vaste, sans disqualifier l'ancien. C'est recréer cette « communauté des affections » sans laquelle chacun retombe dans « l'étroitesse des égoïsmes et l'impénétrabilité des âmes closes » (Jaurès). En clair, investir les mille deux cents millions d'euros nécessaires à la réhabilitation des banlieues, au lieu des vingt millions actuels, sera une condition indispensable d'intégration, mais non suffisante, si l'appartenance ne suit pas l'intendance, si notre société ne donne pas aux « générations-zéro » les moyens ni l'envie de « faire France ».

Comparons pour mieux comprendre. D'où vient la force *aspirante* des États-Unis d'Amérique, dont le taux de croissance économique est directement lié aux progrès de l'immigration ? D'où leur vient la faculté d'adopter et de se faire adopter par tant de primo-arrivants, Asiatiques, Latinos ou mêmes Européens ? Le boulot, le hamburger et l'espoir d'une bagnole chromée — ne font qu'une moitié de réponse. L'autre est le drapeau étoilé, qui rassemble, par-dessus le supermarché, qui fragmente. Les États-Unis, dont l'élasticité sociale est tributaire d'une armature sacrale inégalée, offrent à leurs nombreux immigrés une *recharge d'estime de soi* supérieure à celle qu'ils tirent de leur pays d'origine. Moyennant un cérémonial public de naturalisation, l'inculcation par films et télés, le *pledge of allegiance* devant le drapeau chaque matin à l'école, etc. Ce patriotisme main sur le cœur (de trois à quatre-vingt-dix ans) adosse la « nation indispensable » par en bas à un déisme confédéral par en haut. L'Être suprême, clé de voûte de cette mosaïque, est nommément, visuellement inscrit sur chaque dollar et dans chaque contrat d'assurance. À Boston comme à Los Angeles, le respect de la Constitution n'est pas séparable de l'amour du pays ; patriotisme et démocratie sont synonymes. Il n'en va pas ainsi en France, où un Premier ministre peut entendre siffler *La Marseillaise* sans ciller. Personne ne suspecte un Américain qui pavoise son home de ne pas être un démocrate. Mais un Français qui ferait de même susciterait le sourire ou la méfiance. Plus il y a de migrations trans-frontières (cent mille personnes au moins par an, en France), plus il devrait y avoir du désirable et du participable dans la République. Or plus elle a d'hésitations, ou d'inhibitions. Ses garagistes soignent la carrosserie au détriment de son moteur, le *nous*, qui dans son épure républicaine n'est pas ethnique mais éthique, et lyrique. L'Europe de l'euro, Golem flottant, n'a pas de *nous* (comme l'euro n'a ni figure ni devise, ni lieu ni date). C'est un *ils* ou un *on* qui intéresse les cadres sup et rebute les autres. Il serait risqué d'en attendre une mobilisation affective de rechange avant un bon demi-siècle — si du moins les régions en Europe n'ont pas fait fondre entre-temps l'Europe des régions.

Tout homme, toute femme a le droit d'appartenir à une communauté. Et les républicains encore plus que les autres, puisqu'ils ont le devoir d'en *forger* une. Il leur faut subordonner la communauté naturelle, celle de la lignée, à une communauté culturelle, consciente et construite, de la même façon qu'ils subordonnent le droit du sang au droit du sol, sans nier le premier. C'est quand la République n'est plus une communauté d'images, de notes, de rêves et de volontés, que les communautarismes refoulés remontent à la surface, et se vengent.

Une communauté de destin entre individus de toutes confessions ou sans confession est plus qu'une forme de gouvernement : ce sont des souvenirs partagés, reconvertis en désirs et projets via des groupes de solidarité intermédiaires, vecteurs du « plébiscite de chaque jour », faute desquels une République se dégrade en machine à subventionner ses ghettos. Les « fraternelles » d'aujourd'hui — type sociétés d'actionnaires ou équipes sportives millionnaires — médiatisent du communautaire ou du financier, non des valeurs. D'où l'appel d'air. Nous devons prendre la mesure, sans nostalgie excessive, de ce qui s'est perdu depuis que la Nation ne remplace plus Dieu comme point de convergence et principe de transcendance des particularismes. L'émotionnel ne relaie plus l'intellectuel, ni le vouloir-vivre, le devoir-être, en sorte qu'une citoyenneté réduite aux arrêts, sans arrière-plan mythique (Valéry : « les mythes sont les âmes de nos actions et de nos amours »), n'a plus valeur d'appartenance. Quand ce socle de distinction collective se dérobe, resurgit le culte de la petite différence : chacun se bricole une frontière dans son coin, en reconstruisant et exacerbant ses mythes d'origine où puiser un peu de dignité — comme le font toutes les identités en désarroi. Cette retraite dans le coutumier du citoyen à l'abandon et livré à la solitude du consommateur sans fonds relève de l'instinct de conservation. Il serait futile de la mépriser, et dangereux de ne pas prendre à bras-le-corps cette demande d'aimantation morale. La laïcité sera une culture ou elle ne sera pas. Celle-ci, sauf à réduire la République en relique, ne se résume pas au droit. Les juges contrôlent, ils n'inspirent pas.

c) *Pour un service civique universel*

Si on appelle « symbolique », en honneur à l'étymologie, ce qui fait d'un tas un tout, ou d'une foule un peuple — une laïcité renouvelée passe par un renouvellement symbolique de la vie en collectivité. Une République est un art tout d'exécution, tant le métier à tisser et métisser requière de navettes en état de marche.

Nos professionnels de l'enfance sont pour l'heure quittes de l'impôt du sang, et c'est heureux. En 1914, « les hussards noirs de la République » ont payé comptant, au « champ d'honneur », les devises qu'ils avaient recopiées à la craie au tableau noir. On respecte un cadre juridique, on ne meurt que pour une cause ? Ce n'est pas une raison, en 2004, pour se résigner à ne plus voir dans la République qu'un système de répartition. L'instituteur filmé exige d'être payé au prorata des recettes et de ses prestations ? Et pourquoi en faire un bouc émissaire, dès lors que l'argent devient, pour chacun d'entre nous, et dès l'adolescence, la valeur des valeurs ?

Marianne, pour la première fois en deux siècles, n'a plus l'épée à la main. La République est entrée dans une ère de paix prolongée (depuis 1962). On a du coup décollé la morale de la gymnastique, et le manuel d'instruction civique du Malet-Isaac légendaire où l'on voyait à côté de Condorcet, Carnot ; à côté de René Cassin, le général Leclerc ; et les Invalides non loin du Panthéon. Le procès de civilisation a détaché l'armée-qui-défend de l'école-qui-bâtit, et désexualisé la *vertu* de Montesquieu (*virtus* dérivant du *vir*, non de l'*homo*). Avec le passage incroyablement tardif au suffrage universel (1945), puis avec les tentatives de parité, la République a coupé ses filiations romaines avec « la chose du poil » et les toges viriles. On se souvient que *publicus* procède du latin *pubes*, le poil, désignant la population mâle adulte en âge de porter les armes et donc de prendre part aux délibérations du forum. La reconquête féministe a balayé cette asphyxiante généalogie, le corps électoral n'est plus un corps d'armée. Tant mieux. Reste que le non-remplacement de la conscription, sinon par un rendez-vous de comédie, n'aura pas peu contribué à la remontée des séparatismes. Et à faire que l'acceptation du moindre régime commun, rétrogradé en « assimilationnisme », se traduise par : dissoudre les individus comme des cachets dans l'eau.

Malgré les ridicules courtelinesques et le médiocre des casernes, le passage sous les drapeaux, c'était aussi l'apprentissage des règles élémentaires du vivre-ensemble, de l'autorité, et souvent d'un métier ; la coexistence des chambrées, un début de fraternisation, avec la découverte de la Bretagne par le provençal, ou des Pyrénées par le flamand. C'était une sortie hors du for privé, la deuxième entorse à la loi des familles et des terroirs. Faute de quoi l'on commence par se délester du martial sur des professionnels, contrainte technique dictée par l'évolution des armements, et l'on finit par remettre les quartiers difficiles à des petits chefs locaux — pour avoir la paix. La délégation à des spécialistes rétribués, de façon générale, sert plus l'équilibre des comptes que celui des mentalités. Un citoyen est un touche-à-tout bénévole, qui regarde plus loin que son nombril et sa position bancaire. La professionnalisation des activités sportives, désormais aux mains des financiers ou des ethnies, ou des deux, ne sert pas la cause du sport éducatif et désintéressé. La division du travail intellectuel ne sert pas non plus l'intelligence — ainsi qu'on le voit à l'Université où la curiosité d'esprit n'a pas survécu à la spécialisation disciplinaire. À trop « externaliser » nos simples devoirs d'humanité, que restera-t-il de l'esprit d'humanité tout court (pour la politesse, voyez nos hôtesses, pour la grand-mère, voyez les soignants, etc.) ? L'instauration d'un service national ou civil, si possible mixte, en lieu et place de feu le service militaire, serait plus, à cet égard, qu'un loisir prolongé : un entraînement personnel à l'ouverture laïque sur les autres. Si l'uniforme, répète-t-on frileusement, n'est plus de mise dans les lycées et collèges — et pourquoi ne pas essayer ici et là ? —, il ne sera peut-être pas jugé anachronique ni déplacé dans le cadre d'un service d'intérêt commun équitablement partagé et digne de ce nom.

d) La nation et après

Il est troublant que, dans ses diverses circulaires proscrivant les militances à l'école, un républicain irréprochable comme Jean Zay mette d'emblée à part et au-dessus du lot « les couleurs nationales ». Ce signe-là était sacré, au sens premier : séparé, interdit de manipulation, irréductible à de l'intérêt circonstanciel. Coincés entre le Moyen Âge et l'Empire, entre l'intégrisme des pauvres et l'américanisme des riches, entre leurs fatwas et nos médias — le creuset des trois couleurs semble à la fois hors échelle et réactif, dérisoire et pleurnichard. Disons : peu opérationnel, en dehors d'un soir fugace d'exaltation Bleu-Blanc-Beur, après le Mondial de foot. Ce n'est pas une mince question, cela dit, que de savoir si l'affection pour la République peut survivre à la désaffection pour la nation.

Comparons, là encore, non plus les pays mais les périodes — pour mieux comprendre cela qui fait défaut. Il faut reconnaître à l'État-nation d'hier (ce pelé, ce galeux, etc.) le mérite d'avoir pu tempérer le vexatoire par du motivant. La peur du gendarme et la phobie du percepteur par « l'amour sacré de la patrie » (laquelle donnait, en retour, à l'administration ses très anciens prestiges). Marianne donnait du corps, un style, de la personnalité à l'idée abstraite et impersonnelle de République. Et la défense paysanne du lopin donnait son décret d'application à la Loi universelle. Sans un relais de ce genre, l'impératif kantien tourne au formalisme, et bientôt au double jeu. Le pharisaïsme pointe lorsque les réalités divorcent des discours ; lorsqu'un accord de politesse sur les signalétiques héritées du passé — qui se dit aujourd'hui opposé à la laïcité ? — sert à cacher les transformations objectives du paysage. C'est alors que les homélies républicaines peuvent être ressenties à la périphérie comme un mélange de suffisance et d'hypocrisie. Qu'il s'agisse des sections syndicales, cellules de partis, anciens du régiment, ciné-clubs, théâtres amateurs, associations sportives et clubs bénévoles, JOC ou Léo-Lagrange, mouvements d'éducation populaire, centres de loisirs et de vacances, etc., les supports, les étais de l'apprentissage civique ont été sinon balayés, du moins marginalisés. L'encadrement public de l'associatif est à la baisse. En sorte que, avec la criminalisation de l'État (CRS = SS) et la flétrissure du national (France = moisi), l'éthique se résorbe en juridique. D'où ressort un État prestataire de services, qui a des usagers et non des citoyens, à la fois hypertrophié et évidé, omniprésent dans ses emprises, évanescent dans ses valeurs, et qui, par cela même qu'il a baissé les bras, légifère à tour de bras. Ce guichetier, tout le monde le sollicite, personne ne le respecte. Il me doit tout (des réparations pour le froid, le chaud, le sec, le mouillé, etc.) ; je ne lui dois rien (hormis TVA, contraventions et impôts). Notre monolâtrie des *droits de l'homme* — où règne le toujours-plus — les a amputés de leur réciproque, les *devoirs du citoyen* — où règne le toujours-moins. Un peuple d'irresponsables ne sera jamais laïque.

Une laïcité passive pèserait peu à côté des religions positives. Une laïcité d'opinion et non de conviction, d'absence et de silence, se réduirait à un morceau de cire sur quoi chaque groupe de conviction viendrait se tailler un fief à part, pour faire pièce au voisin. Si la République un jour n'était plus qu'une liste de circulaires, décrets et conventions dont seuls deux cents fonctionnaires ont connaissance, si ce corpus de règles venait à s'amputer du florilège de récits qui en faisait le suc, un essaim de micro-fanatismes en viendrait assez vite à bout, parce qu'ils s'adossent, eux, sur des traditions vivantes — langue, récits, mémoires et rituels. On ne remplace pas une culture charnelle, cette coquille nourricière et protectrice, par un universel abstrait, frappé d'anorexie, qui laisse l'individu au froid, orphelin de légendes. Seule une identité narrative peut rivaliser avec une autre : pas d'éducation civique dans l'abstrait sans ressorts littéraires, artistiques et historiques. On connaît, sur tous les continents, l'affinité des intégrismes religieux avec les carrières scientifiques et technologiques. Les eaux glacées des sciences dures seraient-elles de nature à raviver la nostalgie des chaleurs perdues (prescriptions, fêtes et solidarités) ? À trop parler principes et règlements, et trop peu émotions et fierté, notre citoyenneté s'est refroidie. C'est un cadre juridique sans tableau au milieu — surtout aux yeux d'ados désaffiliés, cherchant un quelque part où ils puissent se sentir exister. La laïcité se cherche un cœur. Il n'est plus français sans être européen (sauf chez nos privilégiés). Une entité juridico-économique ne rythme pas une journée, n'organise pas de pèlerinage, ne propose aucune fête, alimentation, ni parure. Elle ne donne pas des pôles à la Terre. Un pays qui ne se raconte plus — n'agrège plus, et bientôt se désagrège. Les États-Unis se racontent par le cinéma, le Canada par ses musées, Haïti par ses peintres. La France se racontait jadis par sa littérature. L'egocratie ambiante, et le repli des mots, ont ôté ses couleurs à la République, qui porte pâle. Un pays qui ne transcende plus son passé déprime. La France ne se met plus en scène, sinon pour se moquer ou s'agenouiller. Faut-il s'étonner de rencontrer dans le métro tant d'ados *stars and stripes* au dos ? Que leur propose-t-on pour combler sur place leur demande d'estime de soi (comme le fait, pour un Mexicain ou un Vietnamien naturalisés, le *I am an american citizen*, nouveau *civis romanus sum*) ? Ne pas prendre acte de ce glissement subreptice des loyautés instinctives, c'est s'enfouir la tête dans le sable des autosatisfactions. Un Manouchian d'aujourd'hui, devant le peloton d'exécution, crierait-il encore *Vive la France* ? Un *Vive l'Arménie* serait plus probable. L'extinction dans nos classes supérieures de Chateaubriand, Victor Hugo et Aragon annonce, dans nos élites au pouvoir, l'oubli de Jean Moulin et de Brossolette, de la Croix de Lorraine et de l'Affiche rouge. Les auteurs ne sont pas impunément chassés de l'Olympe par les acteurs et les chanteurs. L'effacement du héros sous la star, et du canon littéraire par l'écran publicitaire, reconduit l'universel au local, voire au tribal, pour la raison que le visuel mondial, mince couche pelliculaire, désintègre une personnalité sans en cristalliser une autre dans les sous-sols psychiques. La marchandisation de la vie tout entière suscite en chacun force envies d'avoir, et non moins de manque-à-être. Schwarzenegger sur toutes les unes, c'est le retour programmé au grand-père, en dédommagement. En 1930, pour un petit Rital, Cavanna en l'occurrence, « la langue maternelle, au fond, c'était la langue de l'école ». En 1973, dans le cadre d'accords bilatéraux sur l'enseignement des langues et cultures d'origine (avec Algérie, Espagne, Italie, Maroc, Portugal, Tunisie, Turquie et ex-Yougoslavie), la France renonce à fédérer en englobant. Elle enjoint aux petits Italiens immigrés d'apprendre l'italien, aux petits Turcs, le turc, et ainsi de suite... Tout en reconnaissant pour légale la répudiation des femmes par d'autres conventions bilatérales avec tel ou tel. Caricature d'un tête-à-queue généralisé. Le « nous sommes tous américains » (et pour « les cadres de la nation » le *New York Times* en supplément du weekend) reconduit l'éconduit du pays d'accueil à sa « petite patrie » — dos tourné à la chose publique. Le voilà assigné à résidence dans sa maison, sa langue familiale. C'est le thermostat de l'appartenance qui l'exige, il fonctionne tout seul, personne n'est coupable.

Soyons réalistes, donc téméraires. Comment « sanctuariser » l'école (au sens de « l'asile inviolable ») — opération de recentrage d'autant plus opportune que les élèves sont par chance plus cosmopolites qu'hier —, sans admettre qu'il existe un *sacré républicain*, et l'assumer tranquillement ? Faut-il avoir peur du mot, s'il n'y a jamais eu (et, osera-t-on ajouter, s'il n'y aura jamais) de société sans sacralité (puisque « sacré » s'appelle n'importe quel point idéal de convergence qui puisse conglomérer une multitude éparse) ? Non que la République soit un absolu et qu'il n'y ait rien au-dessus d'elle, *horresco referens*, mais elle s'est avérée, dans notre histoire et notre environnement, la forme d'organisation la mieux à même de protéger ce legs sacré qu'on pourra appeler la souveraineté de la conscience, la liberté de la personne, ou les droits de l'homme *et du citoyen*, selon les angles de vue. Un certain piétisme démocratique, aujourd'hui à l'honneur, entend nous convaincre que « l'État républicain ne doit être porteur d'aucune doctrine ou idéologie ». Ce serait un lieu vide, porteur d'aucune finalité ni credo : une forme a priori, un neutre réceptacle. Son passé nous enseigne tout autre chose, et son avenir fera de même, s'il en a un. La laïcité n'aurait jamais pu contrer une catholicité expansive si elle était elle-même insérée dans une *contre-religion civile*. Si « une religion est un système solidaire de croyances et de pratiques relatives à des choses sacrées », reconnaissons que la République fut, un siècle durant, une religion sans religion, avec ses emblèmes, ses hérésies, ses grands prêtres, ses martyrs et ses victimes. Ce bloc de certitudes, plus ou moins composite, mêlait en proportions variables la Patrie, la Raison et l'Humanité — pour faire vite : Michelet, Renan et Comte. L'État laïque est né comme une contre-Église, avec textes saints, images pieuses et cérémonies. Pour le catéchisme républicain, « les urnes étaient un tabernacle, et l'isoloir un confessionnal ». Les pionniers de cette République que nous jugeons « mythique » mais qui fut, pour beaucoup, vécue jusqu'à la mort furent des hommes de foi et de culte — dans la France comme Personne, dans le prolétariat comme Prométhée et dans la science comme Salut. Lazare Carnot avait marié le compas et le canon ; Clemenceau, la dévotion pour « le soldat de l'Humanité » et un anticléricalisme vétilleux ; Jaurès (premier prix d'instruction religieuse au lycée), la mystique du Travail et la rhétorique parlementaire. Notre logocentrisme impénitent délave et désincorpore ce qui fut incarné et coloré, détache *La Marseillaise* (paroles et musique) des droits de l'homme, et fait de Marc Bloch une sorte de fonctionnaire bruxellois grand teint, en oubliant la croix de guerre 14-18, volontaire de 40, fusillé en 1944 au cri de « Vive la France ! ». Soit le corps républicain coupé par le milieu.

e) Pour un plus d'État

Il eût été bien miraculeux qu'un basculement de civilisation — en somme : un changement d'ère technologique (de la graphosphère à la vidéosphère, pour aller vite) — n'altère pas nos règles du jeu laïque. Il va de soi que les outillages, avions et satellites, qui ont changé l'espace-temps de l'espèce (dilatation de l'espace, contraction du temps) ne pouvaient pas ne pas modifier le rapport du passé et de l'avenir au présent, celui de l'École à la population, ainsi que la vulnérabilité d'un Nord de plus en plus indifférent à un Sud de plus en plus croyant. Corollaire de la mondialisation, la préséance du télévisuel sur le littéral, ou le transfert d'attention du livre vers l'écran et du prof vers la vedette, échappe, pour une bonne part, à la prise du législateur. Les Airbus et les pixels, les autoroutes et Internet, court-circuitent la souveraineté des Anciens. Ni l'École ni la République ne peuvent encore regarder le monde de leur balcon dès lors que le monde fait irruption chez elles, comme le font Jérusalem, Bagdad ou Alger dans l'Essonne. On ne reviendra pas en arrière. La technique crée de l'irréversible. Nos beaux principes ne bloqueront pas le détroit de Gibraltar, ni les câblages à haut débit, ni les paraboles aux fenêtres des HLM. Face à un dépaysement aussi violent, on peut soit déclarer « archaïques » ses valeurs « ancestrales », soit, au contraire, s'y rattacher avec plus de vigueur, et à nouveaux frais. C'est cette dernière voie qu'ont prise hier le Japon et les États-Unis, et que prendra demain la Chine, précisément parce qu'ils sont à la pointe des modernités. Emprunterons-nous la première, par timidité ? Se mondialiser de la sorte, ce serait se recroqueviller, par honte d'être soi-même. Plus je suis ouvert, plus je dois être spécifique, et plus spécifique je serai, plus ouvert je pourrai être. Telle est la souveraineté des Modernes. Elle est galvanisée, et non découragée, par les innovations et les déracinements.

Chaque pays est un faisceau de singularités, dont les habitants n'ont pas à tirer orgueil mais simplement conscience. L'exigence laïque n'aurait chez nous pu voir le jour, noir sur blanc, sans la primauté du public sur le privé, héritage qui fait partie de « l'exception française ». Ce n'est pas un hasard si le fait laïque a l'âge de l'État (certains en décèlent l'embryon dans la pragmatique sanction de Louis IX). Portée au XVIᵉ siècle par le parti dit des politiques (Michel de L'Hospital, Jean

Bodin, etc.), l'idée a pointé avec « l'édit de tolérance », quand s'est affirmée, par les armes, face à la belliqueuse raison d'Église, une apaisante raison d'État, en l'espèce une monarchie absolutiste et gallicane (Henri IV et Louis XIII). Il n'y a pas d'âge d'or pour la laïcité, toujours asymptotique, ni de nation élue. Rappelons seulement que partout où, pour des raisons aisément compréhensibles, en Allemagne par exemple (où les ministres du culte sont salariés par la collectivité, avec impôt ecclésiastique à la source), l'État s'efface devant les Länder, les diocèses et les familles, le mot de laïcité résonne en excentricité. Mais sachons aussi que les majuscules dont se dépouille la puissance publique, l'ex-citoyen, l'abstentionniste dégoûté, les retrouvera bientôt du côté des Clergés, des Ethnies et des Entreprises, et il n'est pas sûr qu'il y gagne. Quand les fonctionnaires s'en vont, arrivent les cabinets d'affaires. Quand les lois reculent, les tabous remontent (les maffias aussi).

La bête égoïste, l'alter ego de tout citoyen, n'est pas spontanément laïque. Elle réclame (et elle a bien raison) privilèges, statuts dérogatoires, passe-droits et primes pour elle-même et pour les siens. Concept curieusement asocial destiné à rendre supportable la vie en société, l'idée laïque est le nom donné à une déconnexion toujours laborieuse entre intérêt général et intérêts particuliers, qui permet à une République d'être plus qu'une addition en puzzle de fragments de société. *Laïque*, en définitive, qualifie un rapport — en l'occurrence, un non-rapport, ou tendant au minimal — entre deux conjoints qui chez nous ont mis des siècles à obtenir la séparation de corps : la communauté nationale d'un côté, et « les groupes naturels » (comme on disait sous Vichy) de l'autre ; le citoyen et le prébendier ; entre le droit public et les droits coutumiers. Cette mise à distance est par nature précaire. C'est dire que la laïcité aura en France le destin de l'État ; la paix civile aussi, car il n'est pas dans la nature de notre société d'être « civile » (puisque « société civile » s'appelle, depuis Hegel, la sphère des intérêts, des réseaux et des idéologies). On y brûle, on y brime et on y insulte. Le maître ne retrouvera pas son autorité en sa classe, ni le médecin en sa clinique, ni le juge en son tribunal, ni le maire en sa ville, si l'État central abdique la sienne. Quand « l'infâme » monte d'en bas, via les associations d'usagers et au nom du droit des minorités, c'est la loi d'en haut, égale pour tous, qui émancipe et non l'adoration des différences. L'opposé de la « laïcité » n'est pas la « religion » — sinon par rencontre et voie de conséquence —, mais le laisser-faire laisser-passer, la viscosité du coutumier et l'emprise agressive des convictions, exacerbée dans les sectes. L'égalité entre l'homme et la femme, pour ne citer qu'elle, n'est apparemment pas une « donnée sociétale », ni son respect, le premier mouvement du mâle au naturel. Aussi bien doit-elle être érigée en principe, et faire l'objet d'une sourcilleuse institution. Là où l'intimité domestique prévaut sur la civilité politique, la corbeille sur la tribune, et les lobbies sur le Souverain — laïcité devient ritournelle ou eau tiède. Parce que l'autonomie du savoir (et celle des soins médicaux) suppose l'autorité de la règle, on ne peut, en France, dire oui à l'École et à la Santé et non à l'État. Il faut choisir. Mais ce ne sera pas, bien sûr, n'importe quel État.

Encore faut-il être deux dans un rapport de forces. Il est des pays et des siècles où l'État étouffe la société civile, où le besoin de respirer exige de relever celle-ci et d'abaisser celui-là. C'est le cas des dictatures, partout où le bas doit se libérer du haut. À d'autres moments en d'autres lieux, ou à d'autres moments dans le même lieu, c'est l'inverse. Notre démocratie d'opinion, en un demi-siècle, est passée de « l'autre côté du cheval ». Devant un trop de centre et d'uniformité, notre société, à juste titre, a regimbé, et nous voilà désormais devant un trop d'isolats et de féodalités. La remise en concordance du centrifuge revient donc à l'ordre du jour. La défausse généralisée sur le secteur associatif (fût-il alimenté par les fonds publics), la charité tenant lieu de justice, le rétrécissement du régalien pris dans la tenaille globalisation/décentralisation et bien d'autres causes encore ont engendré une *diminutio capitis* des pouvoirs légitimes telle, qu'il n'y aura plus pour le pékin maintien des libertés sans une reprise de responsabilité par les politiques. Dans la balance unité/diversité, le plateau « situations de fait » a déséquilibré sa contrepartie, « obligations de droit ». Il serait temps de recentrer le curseur, afin que tous les Français puissent vivre leurs différences en bonne intelligence, celui qui croyait au Ciel et celui qui n'y croyait pas.

*

Monsieur le Président, j'aurais failli à la confiance qui m'a été faite si je n'avais porté ces vues peut-être un peu trop tranchées à votre connaissance, et en temps utile. J'en mesure le cursif et le sommaire. Je m'en console à l'idée que ces simplismes ne pèseront que pour un vingtième dans la somme intégrée qu'il vous reviendra demain de pondérer au plus juste, à partir des observations de chacun. Ce serait déjà un honneur pour moi si vous daigniez prendre l'une ou l'autre de ces remarques en votre considération.

Respectueusement vôtre,

Post-scriptum : Je vous prie de m'excuser si j'ai repris ici à mon compte, involontairement, un certain nombre de clichés, la force de l'habitude aidant. Ainsi de l'opposition vexatoire entre « *croyants et non-croyants* », comme on dit non-voyants ou non-inscrits. Outre que le non-croyant, au sens confessionnel, n'a rien d'un handicapé ou d'un diminué, il est aussi croyant que les hommes dits de foi, sauf qu'il croit non au Ciel mais à certaines choses de la Terre (il est même souvent plus prédicant et missionnaire qu'un ministre ordonné). À l'inverse, on ne devrait pas tenir pour synonymes, comme le font maintes traductions hâtives, *sécularisation*, notion sociale et culturelle, et *laïcisation*, notion juridique et politique. Ces termes ne se recouvrent pas, et qui prend l'un pour l'autre s'expose à des bévues. Un protestantisme modernisé passe souvent par une société dite sécularisée, où les valeurs évangéliques diffusent d'elles-mêmes, sans besoin d'intervention explicite d'un État religieusement neutre. À l'inverse, l'État turc est laïque, la société turque ne l'est pas. L'État indien l'était aussi, non la société indienne. Enfin, le terme ethnocentrique, proprement romain, et présomptueusement étendu à toutes les latitudes, de *religion* prête à tant de cécités qu'il vaudrait sans doute mieux le remplacer par celui de *culte*. C'est, à juste titre, le seul retenu par notre droit positif. Le Conseil d'État en assemblée a subordonné (10 octobre 1997) la reconnaissance de l'existence d'un culte à la jonction d'un élément subjectif (« une croyance ou une foi en une divinité ») avec un élément objectif (« une communauté se réunissant pour pratiquer cette croyance lors de cérémonies »). Faut-il rappeler que *religion*, *religieux*, *religieusement*, etc., ne figurent nulle part dans les quarante-quatre articles de la loi du 9 décembre 1905 concernant la séparation des Églises et de l'État, que nous nous apprêtons à commémorer ? Puisse la rigueur terminologique du juriste servir d'exemple, en attendant que l'étude positive des diversités planétaires en vienne à rompre une fois pour toutes avec cette notion occidentale et abusive de *religion*, dont le formalisme ne cesse de nous égarer. Seul le sacré est universel.

Force nous est d'admettre, là serait mon excuse, que l'usage ou la simple politesse nous obligent à beaucoup d'à-peu-près, la vie courante ayant peu à voir avec la vérité des mots et des faits.

Achevé d'imprimer
par l'Imprimerie Floch
à Mayenne, le 23 décembre 2003.
Dépôt légal : décembre 2003.
Numéro d'imprimeur : 58916.

ISBN 2-07-077052-4 / Imprimé en France.

129352